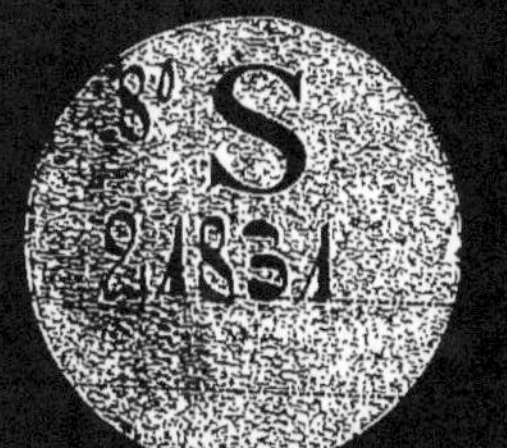

AF340588

LES
CHAMPIGNONS VÉNÉNEUX

DE FRANCE & D'EUROPE

A L'ÉCOLE PRIMAIRE & DANS LA FAMILLE

EN SIX LEÇONS

PAR

Octave GROSJEAN

Instituteur

Membre de la Société d'Histoire naturelle du Doubs
Commissaire national de la Société Mycologique de France

CHEZ L'AUTEUR

A SAINT-HILAIRE, par ROULANS (Doubs)

Prix du Volume cartonné contenant 8 planches en couleurs et 2 dessins dans le texte : **2 fr. 50**

Prix du Tableau illustré qui résume le volume : **1 fr. 50**

—

1903

AVANT-PROPOS

Les ouvrages de Mycologie sont nombreux, savants et chers. Ils s'adressent surtout aux spécialistes ou aux amateurs que ne découragent pas les difficultés du début.

Ces ouvrages renferment généralement très peu de Mycophagie dans beaucoup' d'une botanique difficile et passionnante. On peut·dire que c'est au nord, en Suède, que la lumière mycologique s'est·levée, puis a resplendi sur le monde. Nous venons de nommer Linné et surtout le célèbre professeur d'Upsal, Elias Fries, le créateur de la mycologie moderne.

Parmi les Maîtres français éminents qui font autorité en cette science, nous citerons le regretté docteur Quélet, du Doubs, et M. Boudier, la Providence des mycologues, nous ressouvenant avec reconnaissance des nombreux renseignements d'une valeur inestimable qu'ils ont bien voulu nous donner avec la plus grande affabilité.

Les récentes et précieuses études sur l'empoisonnement par les champignons ou les nombreuses recherches expérimentales faites ensuite sur ·le même sujet par MM. les docteurs Victor et Xavier Gillot, Monnier et M. Ménier ont jeté un jour nouveau sur la question des espèces vénéneuses, soit dangereuses, soit mortelles. Ces dernières tuent invariablement, sans remède connu, probablement sans remède possible.

Ces poisons épouvantables sont le triste apanage d'un *très petit nombre d'espèces, toutes heureusement d'un même groupe fort bien délimité génériquement, le genre Amanite.*

'Les travaux savants, fondamentaux des auteurs sont la base de l'édifice mycologique, mais ils ne peuvent servir tout entiers à une œuvre de vulgarisation populaire que nous voudrions appeler *nationale*.

Ils ne vont pas directement à l'artisan, à l'ouvrier de la terre·ou de l'usine, à ces faubourgs que l'on quitte le dimanche pour la « cure d'air », à ces villages riant dans·la campagne ou perdus au milieu des bois. C'est pourtant principalement dans ces milieux que la ménagère récolte et sert, sans plus y penser, quelquefois *l'unique champignon* qui, mélangé à d'autres, va anéantir, après une longue et terrible agonie, toute la famille ; car, là surtout, des préjugés funestes, parmi lesquels *celui de la piece d'argent*, préparent admirablement le terrain à l'*Amanite* qui tue.

Ces travaux savants *ne vont pas à l'école primaire* et ne peuvent y aller.

Et, dès l'apparition d'avril, chaque année la liste funèbre s'allonge. Chaque semaine, quelquefois chaque jour, quelque journal relate un double, triple, quadruple empoisonnement de nature fongique, frappant un peu partout, même à la ville.

Aucune région de la France n'est épargnée.

En l'absence regrettable d'une statistique officielle que l'on sera amené à établir tôt ou tard, on peut estimer que le fléau tue annuellement quelques centaines de Français, plus que la rage avant que Pasteur en ait découvert le vaccin.

Au cours de l'année 1885, M. le docteur Guillaud avait évalué à cent le nombre des empoisonnements fongiques mortels observés dans dix départements du sud-ouest.

Si la même proportion existait dans toute la France, nous y compterions plus de *huit cents victimes tous les ans* et près de *dix mille en Europe !* Les Pouvoirs publics combattent avec succès la diffusion de la rage, de la diphtérie, de la variole, de la fièvre typhoide, de la phtisie, du choléra, de la peste, etc., par de minutieuses et parfois sévères mesures de prophylaxie, encore plus efficaces que les vaccins. (Nous ne parlons pas ici des précautions sagement ordonnées, même contre les maladies épizootiques.)

Le jour approche enfin, nous osons l'espérer, où ils voudront bien combattre, et ce sera victorieusement aussi, avec les mêmes armes, un mal également redoutable, qui frappe aussi lourdement la même famille, la même nationalité, la même humanité, la mort par le champignon toxique.

La prophylaxie est ici également le salut.

Chose etonnante, elle ne parait encore organisée serieusement dans aucun pays !

Il vaut mieux prévenir le mal que d'avoir à guérir, hélas ! trop souvent. ... l'inguérissable.

Puisque *l'on n'empêchera jamais* la récolte et la consommation des champignons sauvages et qu'il existe un remède, il est grand temps de l'appliquer.

Pour nous, voici le seul remède sûr : **L'enseignement obligatoire et uniquement preventif dans les écoles primaires des deux sexes.** Nous n'avons jamais cru à l'indifférence des Pouvoirs publics dans cette grave question ; nous croyons au contraire à toute leur sollicitude ; nous pensons seulement que leur hésitation à vulgariser cette étude provient de ce qu'ils craignent que le remède ne soit pire que le mal en augmentant les accidents.

Il en serait sans doute ainsi s'il s'agissait d'étudier à la fois les espèces comestibles et les espèces vénéneuses, ou les espèces comestibles seulement. Mais l'enseignement que nous préconisons est conçu dans un ordre d'idées tout opposé : prévenant le malheur brutal, il est surtout répressif. Il apprend, non à consommer, mais à fuir, parce qu'il montre seulement le danger.

Si même nous effrayons en faisant connaître de terribles effets, *trop souvent insoupçonnés*, c'est pour prévenir et sauver. Ici surtout la crainte est le commencement de la sagesse.

Nous agissons tous de même façon, qui dans la famille, qui à l'école, en apprenant à distinguer la ciguë du persil, ou en disant aux enfants : « L'aconit, la digitale que voici sont des poisons. Faites bien attention, n'y touchez pas. »

Et cependant la digitale, l'aconit n'ont aucune apparence d'aliment. C'est une tentation de moins. Nous restons néanmoins satisfaits d'avoir été prudents pour eux. Nous ne croirons pas, pour autant, que nos conseils à ces enfants ont été superflus, mais nous aurons encore mieux la conviction *qu'ailleurs*, où le poison et la tentation gourmande existent à la fois, une *direction*, venue de *l'Autorité supérieure*, doit absolument s'imposer à la grande famille française.

Nous vulgarisons, il est vrai, un nouveau poison, mais le plus discrètement possible, puisque nous ne nommons point les espèces mortelles et rejetons en bloc, à de rares exceptions près, plusieurs genres, et même, dans ceux-ci, plusieurs champignons comestibles.

En dehors des causes accidentelles, nous ne croyons pas ce poison plus menaçant pour la société que ses nombreux congénères. Qui a besoin de poison en trouve si facilement !

Cet enseignement pourrait entrer tout naturellement dans le programme de botanique du Cours moyen et du Cours superieur ! La sélection, s'opérant par genres entiers, le rend de la dernière simplicité : pour arriver à rejeter tous les champignons, soit mortels, soit dangereux, l'enfant aurait à retenir les caractères des quatre seuls genres incriminés, genres des mieux caractérisés, des mieux séparés qui soient, et trois monographies, *sept mots nouveaux en tout !*

L'expérience nous a appris qu'en cinq minutes, tout enfant de dix ans, ayant les espèces type sous les yeux, apprend à distinguer parfaitement et de façon durable, ces quatre genres. Si l'on pouvait lui présenter à la fois les trois espèces décrites séparément, cinq minutes suffiraient également.

Dût-on même ne jamais lui montrer ces espèces type de genres ou monographiées, la description très simple que nous en donnons, avec huit figures, suffiront certainement à les lui faire rejeter si jamais il les rencontre.

Cette étude n'empiéterait pas beaucoup non plus sur l'emploi du temps, ne demandant que *six leçons d'une demi-heure, trois heures par an !*

Tous les spécialistes ont préconisé ces leçons à l'école primaire comme le remède souverain. Ils demandent aussi, sans se lasser, que des études mycologiques soient faites dans tous les degrés d'enseignement.

Cette vulgarisation bienfaisante est un des vœux de la Société mycologique (1) et une de ses principales raisons d'être.

Les membres du Congrès international de botanique, réunis à Paris en 1900, avaient déjà émis le vœu de voir introduire l'enseignement mycologique dans nos écoles primaires, mais réduit à l'étude des espèces qui tuent. (Proposition de MM. Bourquelot et X. Gillot.)

Plus récemment encore, M. Perrot, professeur à l'Ecole supérieure de pharmacie de Paris, secrétaire général de la Société mycologique, à la fin d'une minutieuse enquête sur la vente des champignons dans les marchés des grandes villes d'Europe, arrivait à conclure identiquement. Lui aussi demandait, pour l'école primaire, l'étude exclusive des champignons mortels.

Nous nous associons de tout cœur à ces vœux et désirons ardemment qu'ils se réalisent. Mais nous avons cru devoir, pour la facilité et la sécurité complètes, ne presque pas nous occuper de l'espèce qui est moins éloignée de l'espèce que le genre n'est éloigné du genre. Ce sont les genres renfermant chacun nombre d'espèces vénéneuses que nous éliminons en tout ou en partie.

Nous nous sommes fait en outre un devoir de proscrire, en plus des espèces mortelles, *tous les champignons dangereux.*

Pour rester très simple, nous avons omis volontairement quelques espèces qui pourraient produire au plus une indigestion, quelques coliques, diarrhées ou vomissements sans gravité, sans mauvais lendemain.

Du reste les enfants sont avertis à ce sujet dans la sixième leçon.

Nous croyons avoir déjà dit, mais nous ne saurions trop le répéter, que la nature fongique, sans doute comme compensation à ses méfaits et et comme si elle désirait qu'il soit plus facile de s'y soustraire, s'est plu à réunir presque tous ses poisons dans quatre genres seulement, nettement séparés les uns des autres et des autres genres, et des plus reconnaissables. Cette remarque facilite singulièrement notre tâche et donne la plus entière sécurité.

Tous les champignons mortels appartiennent au genre *Amanite.* Nous le rejetons tout entier, sauf *Amanita Caesarea,* après y avoir fait entrer à dessein les *Volvaires* ayant l'apparence de véritables *Amanites* à spores roses.

Si nous faisons ensuite mention d'*Amanita rubescens, vaginata,* comme plus tard de *Lactarius piperatus* et des *Russules* et *Lactaires* non âcres,

---

c'est encore par prudence et sous forme de remarques indispensables, en dehors de la leçon.

Par suite de l'éloignement des *Amanites, tout danger de mort est déjà écarté.*

Les genres *Lactaire, Russule,* les *Bolets* bleuissant, verdissant ou à chair amère *(Boletus felleus)* renferment presque tous les autres champignons dangereux.

Nous gardons seulement du premier *Lactarius deliciosus,* si connu et si sûr, et, du troisième, les *Bolets à chair douce, ne bleuissant ni ne verdissant.*

Il ne reste plus guère que huit espèces à éviter : *Hypholoma sublateritium, fasciculare; Tricholoma album; Pleurotus olearius; Panus stypticus; Entoloma lividum ; Tricholoma tigrinum* et *Lepiota helveola.*

Sans les nommer aux enfants, nous obtiendrons le rejet des cinq premières en signalant leur amertume.

Enfin, les trois dernières espèces qui ne sauraient entrer dans aucun des précédents groupements, auront les honneurs d'un nom, d'une monographie et deux d'entre elles d'un portrait.

Notre but est atteint :

Tout empoisonnement, mortel d'un côté, dangereux de l'autre, est devenu presque impossible.

Dans l'élimination opérée tout à l'heure, nous ne perdons guère pratiquement, grâce aux remarques, que : *Amanita solitaria,* peu commune, *Amanita ovoidea* ressemblant trop à *verna* la plus dangereuse de toutes les *Amanites* (M. Boudier), et *Boletus badius,* soit en tout, *trois espèces seulement* enlevées à la consommation.

En somme, si la perte est nulle en regard des très nombreuses espèces comestibles et sûres qui nous restent, le bénéfice des existences humaines sauvées serait très grand.

Nous avons ajouté à ce livre, en plus de deux gravures théoriques, huit planches en couleurs (1). Mais, pour ne point distraire l'attention de l'enfant qui doit se porter tout entière sur les caractères génériques, nous ne nommons aucun champignon mortel.

L'attention sera tout spécialement attirée à première vue sur les *Amanites* par un cadre, un texte en couleur et une tête de mort au-dessus de chacune d'elles.

Nous les avons choisies parmi les espèces très vénéneuses susceptibles d'être confondues avec des espèces comestibles, de façon qu'elles soient en même temps des formes type, soit de l'*Amanite* ornée ou privée d'un

(1) Nous tenons à remercier ici notre excellent ami, M. Achille Magnin, artiste bisontin distingué, qui a bien voulu se charger, d'après nos croquis et indications, de toutes les planches en couleurs. Nous remercions aussi M. Boudier qui en a corrigé quelques-unes.

anneau, mais à volve persistante ; de l'*Amanite* à bourrelet au-dessus du bulbe ; soit de l'*Amanite* à traces de volve sans bourrelet.

Ce sont : *Amanita phalloides, Volvaria speciosa* à défaut d'*Amanita vaginata, Amanita pantherina* et *muscaria*.

Les quatre champignons que nous pensons devoir représenter ensuite sont : *Russula emetica, Entoloma lividum, Tricholoma tigrinum* et *Boletus satanas*, le genre *Lactaire*, si commode à reconnaître, étant omis.

Ayant la plus ferme confiance dans l'avenir, nous espérons que bientôt l'école normale, l'école primaire, partant, la famille et la France, seront mises en garde, protégées contre les champignons toxiques.

Le dévouement sans bornes de nos chers collègues, institutrices et instituteurs, à toutes les œuvres philanthropiques, démocratiques, et l'extrème facilité de cette étude, permettraient de la commencer sans retard.

En outre, une fois au courant, ils pourraient très bien, au cours d'une promenade d'automne exercer leurs élèves à reconnaître les quatre genres vénéneux, et, autant que le hasard et l'habitat les favoriseront, les trois autres champignons, en les faisant voir et toucher.

A l'école normale, nous ne verrions guère à ajouter utilement à ces notions que la connaissance pratique de vingt espèces parmi lesquelles les huit qui sont figurées.

Nous pensons que ces vingt espèces seraient étudiées avec grand plaisir et grande utilité par les élèves-maîtresses et les élèves-maîtres.

Elles garderaient leur nom scientifique, le même nom vulgaire désignant trop souvent des espèces fort différentes.

Nous proposerions : *Amanita Caesarea, muscaria, phalloides, pantherina ; Volvaria speciosa ; Lactarius rufus, deliciosus ; Russula emetica , Boletus satanas, edulis ; Entoloma lividum ; Tricholoma tigrinum, Georgii ; Lepiota procera, excoriata ; Clitocybe geotropa ; Cantharellus cibarius , Psalliota campestris , Hydnum repandum* et *Clavaria flava*. Cette liste pourrait être légèrement modifiée suivant les régions.

Nous avons l'inébranlable conviction qu'à partir du moment où cette éducation populaire spéciale sera commencée, le nombre des décès dùs aux champignons ira en diminuant dans de très fortes proportions, jusqu'à devenir presque nul lorsque les écoliers de demain seront devenus à leur tour chefs de famille.

Nous ne saurions mieux faire, pour terminer, que de reproduire les paroles émues et bienveillantes prononcées il y a quelque dix ans par M. le docteur Louis Planchon, professeur à l'École supérieure de pharmacie de Montpellier, ensuite de l'observation d'un quadruple empoisonnement par les *Amanites* :

« Chacun de nous, disait-il, a le devoir de travailler pour sa part à conjurer ces épouvantables catastrophes qui font crouler en quelques heures tout le bonheur d'une famille et laissent, comme dans le cas actuel, une malheureuse femme privée en deux jours de son père, de sa mère, de son fils et de son mari !

« Quelle œuvre plus utile que de prévenir, ne serait-ce qu'un seul de ces malheurs tous les ans ?

« Et ne serait-on pas récompensé de tous les efforts que l'on aurait pu tenter par la conviction d'avoir fait quelque bien ? »

Octave GROSJEAN.

Thurey, par Moncey (Doubs), le 2 juillet 1902.

NOTA

Notre si simple ouvrage a été terminé à la fin de juin 1902. M. Boudier, le savant mycologue, a bien voulu le revoir, et, sur ses conseils, nous avons fait à ce livre quelques additions.

Après un nouvel examen, il voulut bien nous écrire :

« ... Je vous retourne cet intéressant travail qui aura certainement une grande utilité dans les écoles et permettra aux enfants de récolter de bonnes espèces après avoir éliminé les plus dangereuses.

« Je vous réitère donc tous mes compliments... »

Nous ajouterons à ces hauts encouragements les précieuses paroles qu'a bien voulu nous adresser, le 17 octobre 1902, M. Prillieux, membre de l'Institut et sénateur de Loir-et-Cher :

« ... Je vous retourne votre manuscrit que j'ai lu avec beaucoup d'intérêt.

« Je souhaite qu'il soit prochainement publié et répandu dans les bibliothèques scolaires. Vous avez fait une œuvre utile en simplifiant la question si délicate de la distinction des bonnes et des mauvaises espèces de champignons.

« En signalant bien nettement aux enfants celles qui sont particulièrement dangereuses et mortelles même, votre livre, partout répandu et vulgarisé, pourra prévenir beaucoup de funestes accidents.

« Veuillez agréer mes très sincères félicitations... »

Notre reconnaissance personnelle à ces deux savants s'augmente du bonheur et de l'espoir de voir enfin l'Idée bienfaisante, portée, semée toujours plus loin par leurs mains puissantes et si autorisées.

De notre faible côté, nous consacrerons ce qui nous reste de vie, d'énergie, de ténacité comtoise, à augmenter de plus en plus la diffusion de cette Idée.

Il s'agit de la vie, de la vie humaine si précieuse !

Sera-t-il dit longtemps encore qu'en France, en Europe, des milliers de victimes sont sacrifiées chaque année au dieu de l'imprévoyance ?

Tous les spécialistes en sont convaincus : contre cette mortalité énorme et anormale, l'application de l'Idée dont nous parlons est le seul remède.

Si ce livre doit contribuer tant soit peu à la répandre, il fera du bien.

Ce bien doit remonter à sa source, à nos deux Maîtres si éminents et si dévoués.

Avec reconnaissance, nous dédions donc ces pages à la mémoire de Quélet et à M. Boudier.

O. G.

PREMIÈRE LEÇON

LES CHAMPIGNONS [1]

Mes chers Enfants,

Chaque année, du printemps à l'hiver, vous avez souvent rencontré, auprès des maisons, dans les champs, les prés, les friches, les haies et surtout les bois ou leur voisinage, à terre ou sur les souches, des végétaux charnus, sans feuilles ni fleurs, souvent vite venus, souvent tôt disparus. Leurs couleurs variées, parfois éclatantes, les ont fait comparer à des fleurs et l'on a pu dire que l'automne était leur printemps.

Les formes sont encore plus variées que les couleurs ; c'est vous dire qu'ils sont très nombreux et se comptent par milliers.

A vos premières questions, vos parents ont répondu : « Ce sont des champignons » ; ils ont ajouté en toute vérité · « N'en goûtez pas, vous pourriez vous empoisonner. »

Plus tard cependant, au mois de septembre, après quelques journées de pluie, eux-mêmes vous ont conduits dans les prés et vous avez récolté de beaux champignons à anneau, blancs dessus, roses dessous. Votre mère les a préparés et tout le monde les a trouvés délicieux.

(1) Les idées principales de ce livre avaient déjà été résumées dans notre conférence du 12 octobre 1902, à l'Institut botanique de la Faculté des sciences de Besançon, à l'issue de l'exposition mycologique.

Nous adressons ici l'hommage respectueux de notre profonde reconnaissance a M. le professeur Magnin et a la Société d'Histoire naturelle du Doubs qui ont bien voulu nous confier le soin de déterminer les champignons et nous faire le grand honneur de porter la parole devant une assemblée aussi bienveillante — noblesse oblige — qu'elle fut distinguée et nombreuse.

Ah ! combien de fois depuis, nous avons reporté notre souvenir ému sur le bienveillant assesseur, le cher ami disparu à trente-deux ans, et tout rempli alors de vie, d'avenir, M. le docteur Faney, de la Société mycologique, ancien Président de la Société d'Histoire naturelle du Doubs !

Personne n'en a été incommodé.

Il existe donc deux qualités de champignons :

Les *champignons vénéneux* et les *champignons comestibles.*

Tous les ans, les premiers font mourir, après de grandes souffrances, beaucoup de personnes.

Nous les diviserons en deux groupes :

1° Ceux qui tuent presque toujours. Parfois un seul morceau suffit. Il n'existe pas de remède contre leur empoisonnement. Nous les appellerons *Champignons mortels.*

2° Ceux qui rendent très malade, mais ne font pas habituellement mourir, surtout si l'on se soigne à temps. Nous les nommerons *Champignons dangereux.*

Pour échapper à leur danger que vous étiez certainement loin de supposer si grand, nous allons les étudier avec soin pour pouvoir les éviter et les faire éviter autour de nous.

Nous n'aurons à nous occuper que des champignons ayant un pied et un chapeau, comme le champignon rose des prés que nous connaissons.

Ce champignon, nous le savons, a un *anneau* qui entoure le pied à une distance plus ou moins grande du chapeau. Cet anneau s'appelle encore *collier, bague, collerette, bracelet.*

Beaucoup d'autres champignons ont aussi un anneau qui peut durer longtemps ou s'en aller de bonne heure. Dans ce dernier cas on dit qu'il est *fugace.*

En dessous du chapeau se trouvent, allant du pied au bord, comme de fines lames de canif très rapprochées l'une de l'autre et très nombreuses. Le côté tranchant du canif est en bas ; sa pointe finit au bord du chapeau. Aussi on les appelle *lames, lamelles* ou encore *feuillets* comme rappelant les feuillets d'un livre entr'ouvert.

Dans le champignon des prés, ce sont les lames qui sont roses, puis brunes.

Dans d'autres champignons, elles sont blanches, puis roses.

Dans la plupart des champignons adultes, leur couleur est fixe, c'est-à-dire non changeante.

Voici les principales teintes des lamelles : blanches, jaunes, crème, orangées, rousses, bleues, violettes, roses, rouillées, grises, noires, etc.

Le dessus du chapeau d'un champignon peut être sec ou visqueux, lisse, presque lisse ou couvert d'écailles, etc.

Il y a deux sortes d'écailles : celles qui font partie du tissu du chapeau et celles qui n'en font pas partie.

Voici comment on les distingue : on saisit une écaille entre deux ongles et on la soulève. Si cette écaille déchire tant soit peu le chapeau, elle en faisait partie. Si elle ne produit aucune éraflure, elle n'en faisait pas partie. Elle était seulement collée sur le chapeau.

On enlève facilement toutes ces dernières écailles avec le doigt humecté,

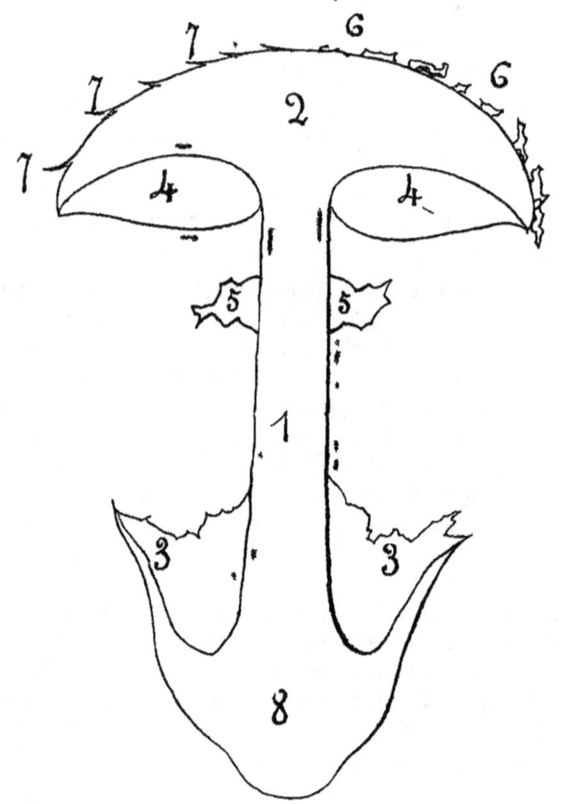

Coupe longitudinale théorique d'un champignon

1. pied ; 2. chapeau ; 3. volve ; 4. lames, 5. anneau ; 6. ecailles indépendantes du chapeau ou debris de volve ; 7. écailles faisant partie du tissu du chapeau ; 8. bulbe.

La pluie suffit pour les faire partir. Ces écailles différentes ne sont presque jamais réunies sur un même chapeau.

Le pied a parfois un anneau ; plus souvent il en est privé.

Enfin, par rapport au pied, voici un caractère d'une importance capitale :

L'extrémité inférieure du pied, celle qui est en terre, est parfois entourée d'une sorte de gaine, de bourse ou d'étui blanchâtre et membraneux plus ou moins résistant. Cet étui persiste parfois pendant toute la durée du champignon ; parfois il s'en va de bonne heure.

Dans ce dernier cas, il laisse sur le pied un bourrelet ou des traces bien visibles de déchirure. On le retrouve sur le chapeau sous forme d'écailles indépendantes de l'épiderme.

Cet étui s'appelle *volve*.

Les champignons à chapeau, à pied et à lames, sont des plus nombreux, et, à notre point de vue, les plus importants à étudier. Plusieurs ressemblances ou caractères communs à un certain nombre d'espèces ont permis de réunir ces espèces en groupes appelés *genres*.

Parmi les champignons à lames, nous n'apprendrons à reconnaitre, mais parfaitement et du premier coup, que les genres *Amanite*, *Lactaire*, *Russule*.

RÉSUMÉ DE LA PREMIÈRE LEÇON

(A APPRENDRE PAR CŒUR)

Les champignons, nombreux en espèces et partout répandus, sont très variables de formes et de couleurs.

Il y a deux qualités de champignons : les *vénéneux* et les *comestibles*.

Parmi les champignons vénéneux, il y a les champignons *mortels* qui tuent et les champignons *dangereux* qui rendent très malade, mais occasionnent rarement la mort.

Un champignon se compose généralement d'un *chapeau* et d'un *pied*.

Le dessus du chapeau peut être sec ou visqueux, lisse, presque lisse ou *couvert d'écailles*. Parmi les écailles, il en est qui font partie du chapeau ; *d'autres sont seulement collées dessus* et peuvent être enlevées avec le doigt sans produire de déchirure.

Sous le chapeau se trouvent des *lames* ou *feuillets*, de couleurs parfois changeantes, plus souvent fixes et très variées.

Le pied est quelquefois orné vers son milieu d'un *anneau* membraneux qui dure plus ou moins longtemps. Plus souvent il est nu.

Parfois la base du pied est entourée d'un étui membraneux, la *volve*, qui persiste *ou dont on retrouve facilement les traces ou les débris sur le pied ou sur le chapeau.* (Caractère très important.)

Le groupement de plusieurs champignons qui se ressemblent s'appelle *genre.*

LECTURE SUR LA PREMIÈRE LEÇON

Les Champignons

« La mycologie, dit (1) le regretté Forquignon, professeur à la Faculté des sciences de Dijon, offre encore un attrait d'un autre genre : nous voulons parler des excursions, des promenades, que la recherche des champignons invite à entreprendre dans les forêts, les vallons et les prairies. Roques a fort bien décrit ces jouissances artistiques les plus délicates. « Bien des gens, dit-il, s'étonnent qu'il y ait autant d'ama-
« teurs de champignons, mais ils ne savent pas qu'à part le plaisir de
« les manger, on a des jouissances plus douces encore. On court, on les
« cherche, on les trouve, on les cueille ; c'est une conquête, surtout lors-
« qu'ils sont rares. Et puis les mouvements qu'on fait dans les bois, la
« pureté de l'air qu'on respire sur les coteaux, les sites, les charmants
« paysages qui s'offrent à vos regards, le simple murmure d'un ruisseau
« ou d'une fontaine, l'attrait d'une belle journée, tout cela donne du
« calme et de la vigueur à l'esprit. On revient plus tranquille, mieux
« portant. On reprend ses travaux ordinaires, et, si on a quelque loisir,
« on retournera dans les bois ; voilà encore un plaisir, et c'est l'espé-
« rance qui le donne. »

Oui, nous en sommes garant, rien n'est comparable au charme péné-
trant, intime, toujours nouveau, de ces courses en forêt, où les champi-
gnons, comme des génies familiers, semblent vous souhaiter à chaque pas la bienvenue. Celui qui n'a jamais goûté ce plaisir subtil et mysté-
rieux, celui qui n'a pas appris à y trouver un assaisonnement à sa joie, une consolation dans ses tristesses, celui-là ignore un des plus grands charmes de la vie.

C'est sur place et pour ainsi dire chez eux que les champignons veu-
lent être étudiés. Nous l'avons dit, leur domaine est immense (2) ; on en

---

(1) *Les Champignons supérieurs,* par FORQUIGNON, chez Octave Doin, Paris, ouvrage illustré par Quélet, des plus utiles aux commençants et qui nous fut recommandé par Quélet lui-même.

(2) SACCARDO, dans son *Sylloge fungorum,* décrit tous les champignons connus dans le monde entier, soit près de cinquante mille espèces.

trouvera presque partout dès qu'on aura pris la peine d'y faire attention ; dans les forêts, les friches, les pâturages, les jardins, les lieux humides et marécageux, dans les caves et même dans l'intérieur des maisons habitées.

Les grandes espèces croissent à terre ou sur les bois morts, dépérissants, sur les souches. D'autres, plus petits et moins charnus, se cachent dans l'herbe et la mousse ; d'autres, plus éphémères encore, recherchent le voisinage des fumiers.

L'innombrable tribu des sphériacées élit domicile sur tous les végétaux morts, s'insinue sous les vieilles écorces et les désagrège. Tout au bas de l'échelle se trouvent les moisissures, si communes partout.

Le temps le plus propice à la recherche des grands champignons est celui qui s'étend du milieu de l'été jusqu'à l'entrée de l'hiver.

Transportons-nous par la pensée dans une de nos belles et verdoyantes futaies vosgiennes, vers la fin du mois de septembre. Dès nos premiers pas sous la voûte des hauts sapins, partout, au bord du sentier, sur les pentes moussues de la forêt ensoleillée, une multitude d'êtres aux formes étranges, aux éclatantes couleurs, vient solliciter nos regards. Ce sont les fleurs de l'automne qu'autrefois nous écrasions d'un pied distrait et qu'aujourd'hui nous voulons commencer à connaître. Mais gardons-nous d'une ardeur exagérée qui pourrait porter la confusion dans notre esprit...

La route est tracée, elle est facile et sûre ; chacun peut la suivre selon son goût, ses moyens, son humeur. Dans la petite phalange mycologique, tous les ouvriers de bonne volonté sont bien accueillis. — Forestiers, médecins et pharmaciens, prêtres, instituteurs, tous ceux que leur profession retient à la campagne, trouveront dans cette attrayante étude un délassement à leurs travaux, en même temps que la satisfaction de contribuer à l'avancement de la science.

DEUXIÈME LEÇON

PREMIER GROUPE

CHAMPIGNONS MORTELS

Les Amanites

(Champignons à volve et à lames)

La présence d'une volve, ou de traces de débris de volve, est le caractère très simple et très important qui distingue nettement les Amanites de presque tous les champignons à lames (1).

La figure 1 représente une Amanite à *volve persistante* et à *anneau*.

La figure 2, nous montre encore une *Amanite à volve persistante*, mais *sans anneau*, et à feuillets *roses*.

Dans l'Amanite de la figure 3, nous ne remarquons *pas de volve*, mais un *bourrelet*.

Ce bourrelet, faisant rebord et dessinant le pied, indique l'endroit précis d'où la volve a été arrachée par suite de l'accroissement du champignon. Le chapeau, d'abord prisonnier, a soulevé la volve peu résistante, et celle-ci s'est, finalement, éparpillée sur sa surface sous forme de nombreuses écailles *indépendantes*.

L'Amanite représentée figure 4, à peu près semblable, n'a pas de rebord à la base du pied. On y aperçoit seulement *quatre à cinq cercles*,

(1) Ce genre, tel que nous le caractérisons, renferme plusieurs genres botaniques bien différents, mais, au point de vue de la consommation, nous avons trouvé plus simple de les fondre en un seul, à l'exemple de M. Gillot et de quelques autres mycologues.

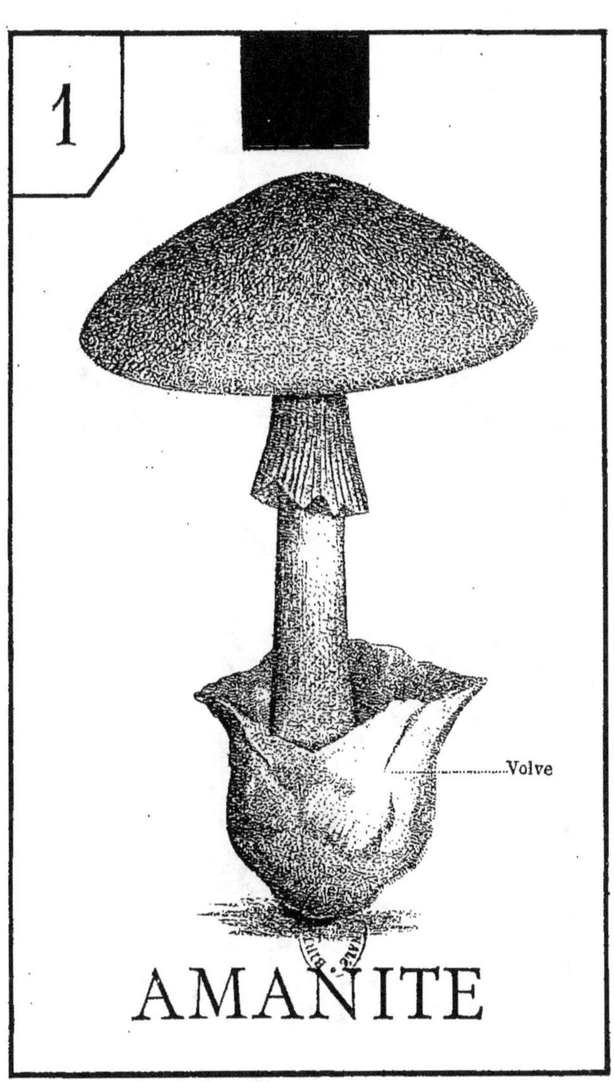
1
Volve
AMANITE

2
Chapeau
visqueux
Feuillets blancs,
puis roses
Pas d'anneau
Volve

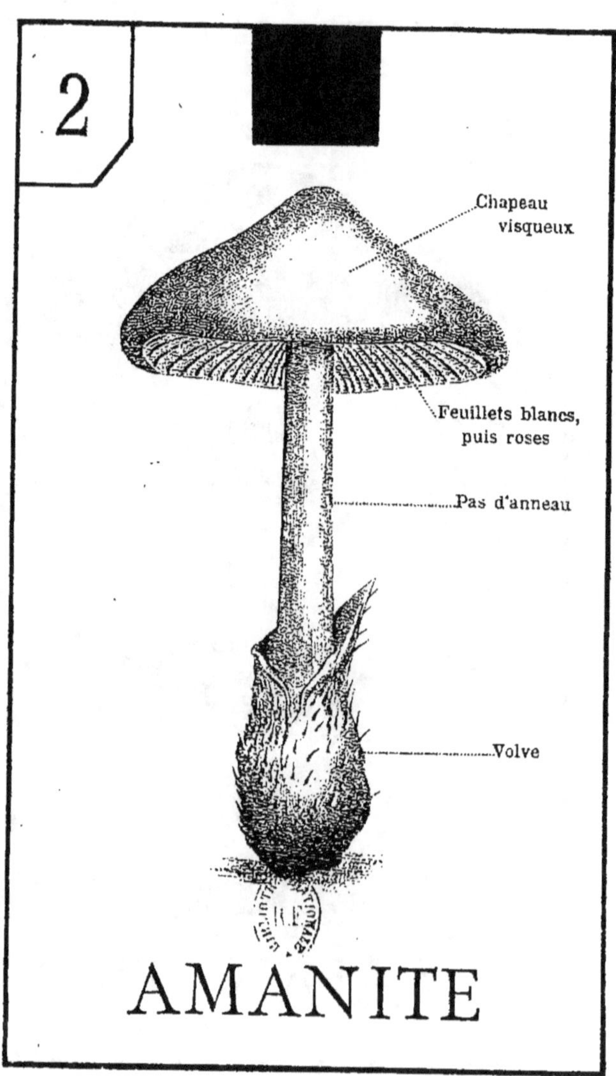

AMANITE

assez irréguliers et parallèles, formés de *sortes de verrues* qui sont les traces des déchirures successives de la volve, dont nous apercevons, comme précédemment, les débris dispersés sur le chapeau.

Les Amanites, nous venons de le voir, peuvent avoir ou n'avoir pas d'anneau. Leurs feuillets, plus souvent blancs, sont parfois jaunes ou roses. Leurs chapeaux sont blancs, jaunes, rouges, gris, verdâtres, brunâtres, etc.

Toutes les Amanites se rapportent à l'une des quatre formes que nous venons d'indiquer.

La pluie aurait beau laver, enlever les écailles indépendantes du chapeau, il resterait toujours des traces ineffaçables sur le pied.

Encore ces lavages complets sont-ils tout à fait rares.

Les Amanites sont donc, sous toutes formes et en tout temps, des plus faciles à reconnaître, dès l'abord, pourvu toutefois qu'elles aient été *arrachées entières* et non coupées ou brisées vers le milieu du pied, *car la volve est souvent enterrée.*

Cette dernière façon de récolter un champignon est des plus imprudentes : elle expose à laisser passer inaperçues une ou plusieurs Amanites, et l'on sait qu'une seule Amanite peut amener la mort de plusieurs personnes ; ce serait donc jouer sa vie et celle des siens. Celui qui agirait ainsi, étant dûment averti, serait plus qu'imprudent, il serait bien coupable.

On frémit quand on pense que de telles imprudences se commettent encore si souvent !

Tous les champignons sûrement mortels sont des Amanites. On peut même dire que tous ou presque tous les décès dûs aux champignons leur sont imputables.

Dans la lecture qui suivra la présente leçon, vous verrez que quelques grammes (le poids d'un sou) d'une Amanite suffisent à tuer un chien.

Un seul morceau pourrait tuer un homme.

Une seule Amanite suffirait à faire disparaître une famille !

Nous avons dit aussi que *nul remède n'existe* contre l'empoisonnement occasionné par de fatales Amanites.

En effet, les plus terribles de ces champignons ne produisent aucun malaise pendant dix, douze, dix-huit, vingt-quatre, quelquefois trente heures !

Lorsque le mal se révèle, il n'y a plus rien à faire : la digestion est terminée. Un vomitif même serait inutile, car l'absorption dont on vous a parlé dans vos leçons d'histoire naturelle, est faite. Tout le poison est dans le sang. C'est fatalement la mort.

Il existe malheureusement quelques Amanites comestibles. Nous disons malheureusement, car la confusion que l'on en fait avec les espèces voisines vénéneuses cause presque tous les décès.

Peut-être rencontrerons-nous des personnes récoltant des Amanites pour leur usage. Notre devoir est de les avertir. Faisons-leur connaître le grave danger de mort auxquelles elles s'exposent si elles se trompent une *seule fois* de champignon.

Disons-leur aussi que deux Amanites dont l'une est comestible, l'autre mortelle, présentent parfois de très grandes ressemblances et de très petites différences.

En résumé, si nous voulons avoir la certitude presque absolue de ne point périr victimes des champignons, prenons la ferme résolution de ne jamais goûter à une seule Amanite, excepté à l'Oronge vraie. *(Voir les remarques sur la deuxième leçon, page 21).*

RÉSUMÉ DE LA DEUXIÈME LEÇON

(A APPRENDRE PAR COEUR)

Les Amanites, champignons à lames, ont une *volve persistante* (fig. 1 et 2) ou présentent des *traces de volve*.

Ces traces de volve consistent en un *bourrelet* (fig. 3) *ou en des verrues*, (fig. 4) *à la base du pied et en écailles indépendantes sur le chapeau* (fig. 3 et 4). Si la pluie enlève ces écailles, on reconnaîtra toujours une Amanite *par l'examen du pied.*

On doit toujours arracher entièrement les champignons que l'on récolte et non couper ou briser le pied, *car la volve est souvent enterrée.*

Tous les champignons sûrement mortels sont des Amanites.

Presque tous les décès doivent être imputés à ce genre redoutable.

Cinq grammes d'une Amanite tuent un chien.

Un seul morceau suffirait à tuer un homme.

Un seul champignon peut anéantir une famille.

Il n'est *aucun remède* contre l'empoisonnement par certaines Amanites.

Il existe malheureusement quelques Amanites comestibles qui sont trop souvent confondues avec des espèces mortelles. La plus élémentaire prudence interdit donc absolument la consommation de *toutes les Amanites,* excepté *l'Oronge vraie.*

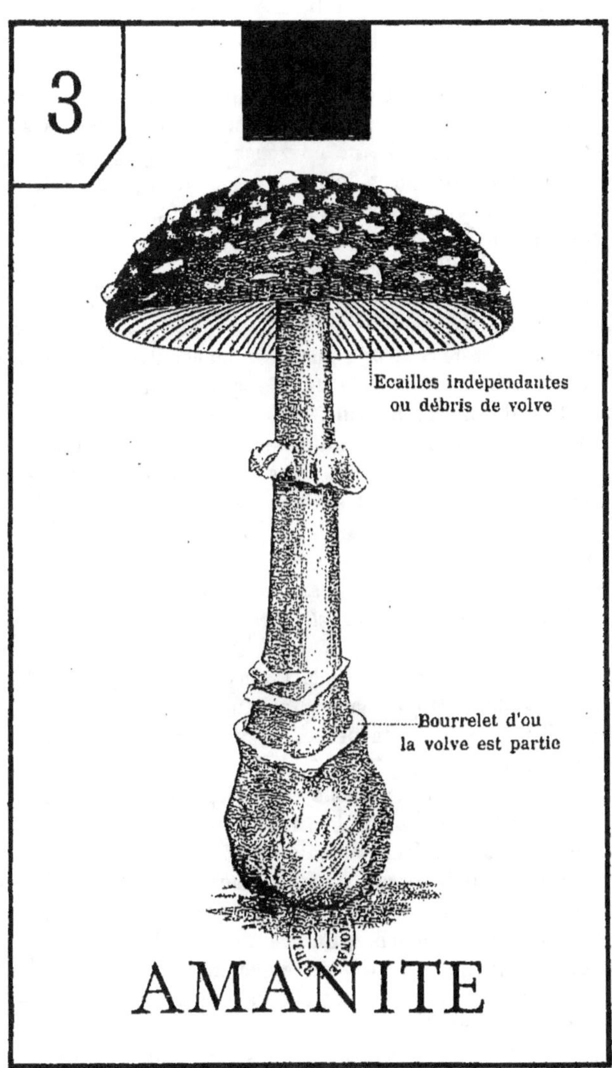

3
Ecailles indépendantes
ou débris de volve
Bourrelet d'ou
la volve est partie
AMANITE

REMARQUES SUR LA DEUXIÈME LEÇON

Malgré ce que nous venons de dire, nous savons bien que plus d'un amateur continuera à consommer, parmi les Amanites, la si importante *Oronge vraie*, l'*Oronge vineuse* ou *rougeâtre* et la *Grisette*. Nous ne pouvons donc nous·dispenser de citer ces trois espèces comestibles et de donner brièvement de leurs caractères ceux qui servent à les distinguer des espèces voisines *très vénéneuses*.

L'*Amanite des Césars* ou *Oronge vraie*, appelée encore *Cocon*, *Royal*, *Jaune d'œuf*, *Dorade*, *Jazeran*, *Chazeran*, ressemble à la fig 1 comme forme et à la fig. 4 comme teinte de chapeau. Elle a une volve *persistante, résistante*, de couleur blanche ou blanchâtre, et *un anneau*.

Toute jeune, elle ressemble à un gros œuf cuit dur, car la volve recouvre tout de sa robe blanche.

Peu à peu le champignon s'allonge, le chapeau émerge de la volve et ressemble à un jaune d'œuf dont il a pour le moins la grosseur et presque la couleur. Le chapeau, lisse, brillant, est d'un beau rouge d'orange tirant parfois plus ou moins sur le rouge ou sur le jaune. Il ne porte *aucune écaille*.

Même dans la jeunesse et avant l'éclosion, comme toujours du reste, *les feuillets, l'anneau et le pied sont d'un magnifique jaune doré*. Elle croît, souvent en groupes, en août et septembre, dans les forêts et bruyères du midi et de l'est de la France.

On la confond souvent avec l'Amanite (fig. 1) appelée *Tue-mouches, fausse Oronge*, qui est vénéneuse, même pour les mouches, comme son nom l'indique.

Cette Amanite nous rappelle notre jeunesse et la bonne tante qui nous éleva. Eloignée de « la boutique » où l'on vendait alors un papier insecticide, elle préférait aller au bois, plus rapproché, chercher ce champignon. Elle le plaçait sur une assiette, le saupoudrait de sucre et nous nous souvenons fort bien que les insectes gourmands tombaient en masse, comme des mouches, c'est le cas de le dire.

Il est très facile de distinguer ce champignon vénéneux de l'Oronge vraie. Voyez votre gravure : Le chapeau de la fausse Oronge est rouge et non orange. *Il porte de nombreuses, épaisses écailles blanches indépendantes ; les feuillets, l'anneau, le pied sont blancs. La volve a disparu*, ayant été emportée par le chapeau, mais on aperçoit au bulbe des cercles formés de verrues, traces de ses déchirures.

La fausse Oronge croît abondamment en été et en automne dans les forêts d'essences diverses, surtout de bouleau

L'Oronge vraie est abondante dans le midi de la ·France. Elle est presque inconnue dans le nord. Lambotte, dans sa flore belge, n'en fait pas mention.

Par contre, la fausse Oronge, rare dans le midi, est commune dans le centre, l'est et le nord de la France.

Aussi les personnes des régions méridionales qui vont habiter plus au nord doivent surtout bien examiner les Oronges qu'elles pourraient récolter.

L'*Amanite*, ou *Oronge vineuse, rougeâtre*, désignée encore sous les noms de *Golmotte, Golmelle, Pied rouge*, est appelée ainsi, car elle *rougit* légèrement dans toutes ses parties, chapeau, lames, pied, anneau, chair, extérieurement ou intérieurement, comme dans les piqûres d'insectes, par exemple. Elle est comestible, quoiqu'amère étant cruc, mais nous vous engageons fortement à la laisser de côté, crainte d'erreur.

Sa ressemblance est *très grande;* comme vous le prouvera l'anecdote suivante, avec l'Amanite (fig. 3) poison, quoique la chair de cette dernière *ne prenne jamais de teinte rougeâtre :*

Nous connaissons une personne âgée de soixante ans et récoltant depuis trente ans des champignons pour les vendre. C'est dire qu'elle en récolte beaucoup et ne devrait pouvoir se tromper.

L'année dernière, elle vendit un plein panier d'Oronges vineuses à une famille qui vint heureusement nous consulter.

Hé bien, dans cette récolte, nous découvrîmes, nous y attendant un peu, mais en tremblant d'émotion, deux Amanites vénéneuses (fig. 3) de forte taille !

L'*Amanite* ou *Oronge grise, Grisette, Coucoumelle grise*, à chapeau *strié* au bord, à feuillets blancs ou blanchâtres, avec ou non de larges plaques membraneuses blanches independantes sur le chapeau, est parfois aussi recherchée.

Elle n'a pas d'anneau et l'on peut prendre pour elle l'Amanite (fig. 2) poison, bien que les feuillets de cette dernière soient *blancs, puis roses :* que la marge du chapeau soit *lisse.*

On pourrait la confondre aussi avec l'Amanite (fig. 3) également poison, si cette dernière venait à perdre son anneau.

Une de ces confusions a certainement coûté la vie à plus d'un imprudent.

Il est donc dangereux de récolter la Grisette.

LECTURES SUR LA DEUXIÈME LEÇON

I

Une chienne tuée par 5 grammes d'une Amanite

MM. Ménier et Monnier, professeurs à l'école de médecine de Nantes, ont fait l'année dernière de nombreuses expériences sur l'empoisonnement par les Amanites. Nous citons textuellement une page de leur remarquable travail :

« Treizième expérience. — 18 novembre 1901. — Nous faisons absorber à une chienne pesant 4 kilog., cinq grammes d'*Amanita* . .. La soupe est avalée facilement à huit heures du matin. Rien à signaler dans le reste de la journée jusqu'à six heures au moment où nous quittons le laboratoire.

Le lendemain 19, à sept heures du matin, on constate un état de prostration complet. L'animal est ramassé en boule et agite de quelques tremblements et de mouvements respiratoires très accentués. Ni vomissements ni diarrhée. — Cinq heures : état stationnaire. Le 20, au matin, même état général. Déjections peu abondantes, à demi-liquides, mélangées de sang. Il se lève souvent et fait de vains efforts pour expulser quelques gouttes de sang. Toujours pas de vomissements, pas de convulsions. Le soir, même état. Le 21, au matin, mêmes symptômes, selles identiques et ténesme (1) ; pas de vomissements. Vers huit heures, l'animal a mangé un peu de viande et bu un peu d'eau, ce qui semblerait indiquer un peu d'amélioration dans son état.

Dans l'après-midi, les aliments ingérés le matin et non-digérés sont vomis. — Le 22, il mange un peu de pain. Il expulse toujours avec peine quelques matières intestinales sanguinolentes. Il paraît beaucoup mieux. — Le 23, il prend comme nourriture un peu de pain qu'il ne vomit pas. L'état du côté de l'intestin ne paraît pas meilleur. Cependant il ne semble pas y avoir d'aggravation. — Enfin, le 24, à dix heures du matin, la mort arrive sans convulsions. »

(1) Besoin fréquent et maladif d'aller à la selle.

II

Empoisonnement par une espèce d'Amanite, à Saint-Agnan (Saône-et-Loire) 30 septembre 1901 — Trois décès (1)

« Renseignements fournis par M. le docteur Tuloup, de Digoin :

« Famille Cartel, composée du père, de la mère, 41 ans, d'une fille de 20 ans et de l'aïeul maternel, 79 ans. C'est celui-ci qui, le 30 septembre 1901, cueillit en grande quantité des champignons croissant dans un terrain sablonneux, sous des touffes de bouleau. Bien qu'on l'eût averti que ces champignons ne devaient pas être bons, la femme Cartel, pensant avoir affaire à des Cochemelles ou Coulemelles, n'hésita pas à les faire cuire, après les avoir passés à l'eau vinaigrée et les avoir laissé égoutter, précautions qu'elle jugeait suffisantes. Puis ils furent cuits à la poele et mangés, sauf toutefois par le sieur Cartel, qui n'y voulut pas goûter et reste aujourd'hui le seul survivant de la famille.

« Le repas eut lieu à sept heures du soir, le lundi 30 septembre.

« Le sommeil fut profond jusqu'à cinq heures du matin. A ce moment, la fille de 20 ans se réveilla en disant à sa mère qu'elle se sentait fatiguée et ne pouvait se tenir debout. La mère se leva pour lui préparer une tasse de thé, mais elle ressentit elle-même les mêmes symptômes et fut obligée de se recoucher. A partir de ce moment, dans la matinée, le grand-père, la mère et la fille furent pris de vomissements avec coliques et diarrhée, puis de violentes douleurs de tête. Croyant à une simple indigestion, ils attendirent jusqu'au mardi soir pour appeler tardivement un médecin, le docteur Gaudry, de Digoin, qui les trouva dans une triste situation : vomissements, diarrhée cholériforme avec crampes dans les jambes et dépression cardiaque, mais sans autres troubles cérébraux que de l'abattement et de la stupeur. Pensant que l'absorption du poison avait eu le temps de se compléter, le docteur donna surtout des stimulants. La nuit du mardi au mercredi fut mauvaise, la mère mourut le mercredi à trois heures du soir, puis le vieillard le jeudi, à trois heures du matin. La fille paraissait hors de danger, quand, soudain, elle fut prise de vertige et de délire et finit par succomber à son tour le samedi 5 octobre, à trois heures du soir. »

A l'aide du sieur Cartel, survivant, on put arriver à reconnaître que les champignons homicides étaient tous d'une même espèce : celle précisément, Amanite mortelle, qui a servi à l'expérience précédente.

(1) Tiré du mémoire de MM. les docteurs Victor et Xavier Gillot . « *Empoisonnement par les champignons* », paru au bulletin de la Société mycologique de 1902

TROISIÈME LEÇON

DEUXIÈME GROUPE

CHAMPIGNONS DANGEREUX A LAMES

1° Les Lactaires

Comme son nom l'indique, ce genre comprend les champignons à lames laissant tomber à la cassure un lait blanc ou coloré. Les Lactaires n'ont pas d'anneau.

On peut briser le chapeau et le pied, qui sont plus ou moins fragiles, sans rencontrer la moindre fibre. Le lait change parfois de couleur : de blanc il devient jaune, rose, violet... ; d'orangé, vert, etc. Le plus souvent il ne change pas.

Beaucoup de Lactaires ont la chair *âcre*, *amère* ou *poivrée*.

Nous venons de parler de la saveur des Lactaires.

Vous vous demandez sans doute comment on peut savoir si un champignon vénéneux a, ou non, la chair amère, puisqu'il est impossible de le consommer. Il est un moyen simple et *toujours inoffensif* de se renseigner, quelle que soit l'espèce : on la goûte crue en en plaçant dans la bouche un morceau gros comme une petite noisette. On écrase au besoin ce morceau contre le palais avec la langue. Au bout de quelques secondes, dès que l'on en connaît la saveur, on le rejette et on fait de même de la salive.

Nous aurons à nous servir souvent de ce procédé dont vous vous souviendrez.

Le genre Lactaire, si commode à déterminer, comprend de nombreuses espèces dont quelques-unes sont difficiles à distinguer des espèces voisines.

Les Lactaires renferment quelques champignons à *lait âcre ou très âcre, dangereux ou même très dangereux,*

L'un d'eux, de couleur rousse et de saveur brûlante, ressemble à la *Vachotte* ; il a été surnommé le *Meurtrier*.

C'est assez dire avec quel soin nous éviterons tous les Lactaires, à l'exception toutefois du *Délicieux*. *(Voir les remarques sur la troisième leçon, page 28.)*

2° **Les Russules** (fig. 5)

Les Russules, champignons privés d'anneau, rappellent par plus d'un point les Lactaires, mais elles n'ont pas de lait. On peut de même briser tous les organes, souvent fragiles, des Russules, *sans rencontrer la plus petite fibre.* La cassure, *grenue*, rappelle celle d'un morceau de fromage de gruyère, mais est presque toujours blanche.

Leur pied est souvent blanc, creux ou plein ; leur chapeau sec ou visqueux.

Les feuillets, blancs ou jaunes, sont généralement moins serrés que chez les Lactaires ; ils sont aussi plus épais et se brisent comme verre.

Ils sont le plus souvent *égaux* ou *quelques-uns bifurqués ou fourchus*, caractères qui peuvent être réunis par la même Russule.

Ces champignons sont habituellement de couleur vive, éclatante, jaune, verte, violette ou souvent rouge, ce qui les a fait nommer Russules.

Les couleurs les plus opposées peuvent aussi se mêler sur leur chapeau.

Malheureusement, ces belles teintes *ne sont pas toujours fixes.* Nous connaissons une Russule comestible que nous avons rencontrée, tantôt brun-violacé, tantôt verte, tantôt avec des nuances intermédiaires ou même avec du jaune.

Les savants les plus compétents sont parfois embarrassés pour nommer sûrement une Russule, tellement les espèces voisines paraissent identiques. Tant mieux pour nous : si toutes les Russules ont entre elles un si grand air de parenté, il nous sera d'autant plus facile de reconnaître leur famille dès que nous aurons vu un seul de ces champignons. Nous savons par expérience, mes enfants, que vous reconnaîtrez ce genre très vite, très sûrement, *du premier coup d'œil* et même à distance.

Ajoutons à ceci que les Russules, comme les Lactaires, ont souvent une saveur *amère, poivrée, brûlante.* Comme eux, ils renferment, *parmi les espèces qui n'ont pas la chair douce*, des champignons dangereux.

Nous rejetterons donc tous les individus de ce genre. *(Voir les remarques sur la troisième leçon, page 28.)*

5

GENRE
RUSSULE

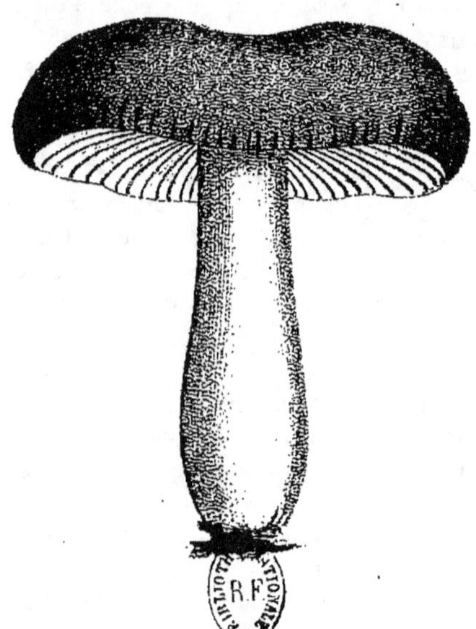

Russule émétique

Les Russules ressemblent aux Lactaires, mais pas de
lait ; aucune fibre ; fragiles ; cassure grenue ; feuillets
blancs ou jaunes ; couleurs souvent vives.

RÉSUMÉ DE LA TROISIÈME LEÇON

(A APPRENDRE PAR COEUR)

Les Lactaires ont du lait blanc ou coloré, de couleur fixe ou changeante.

Beaucoup de Lactaires ont la chair âcre, *amère* ou *poivrée*.

On se rend compte *sans danger* de la saveur d'un champignon cru quelconque en en plaçant un petit morceau sur la langue et en l'appuyant au besoin contre le palais. Dès que l'on est renseigné, on rejette le morceau et la salive.

Les Lactaires renferment nombre de champignons *dangereux ou très dangereux*.

L'un d'eux, de couleur rousse, a été surnommé *le Meurtrier*.

Nous éviterons soigneusement tous les Lactaires, excepté *le Délicieux*.

Les Russules ressemblent aux Lactaires, mais n'ont pas de lait.

On peut briser tous leurs organes fragiles *sans rencontrer la plus petite fibre.*

Leur pied est presque toujours blanc, creux ou plein, leur chapeau est sec ou visqueux.

Les feuillets, blancs ou jaunes, sont moins nombreux, plus épais, plus fragiles que ceux des Lactaires.

Ils sont le plus souvent égaux ou quelques-uns bifurqués ou fourchus.

La couleur du chapeau est souvent vive, mais *très changeante*.

Les Russules se ressemblent beaucoup entre elles et contiennent nombre d'espèces vénéneuses.

La saveur de plusieurs d'entre elles est *amère, poivrée, brûlante.*

Nous rejetterons toutes les Russules.

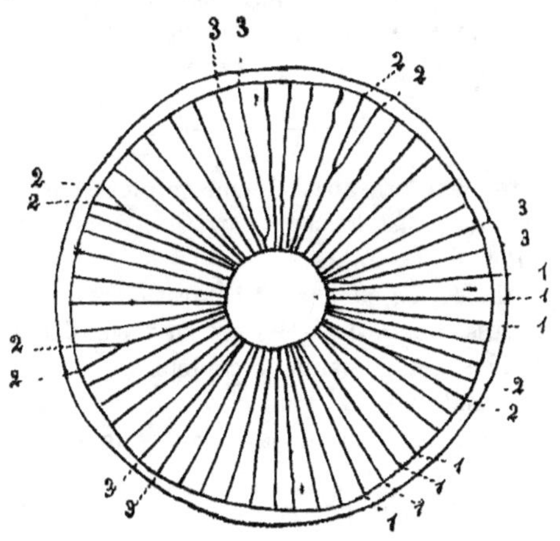

Chapeau d'une Russule vu en dessous

1 Feuillets égaux — 2. Fourchus ou 3. Bifurqués des Russules.

REMARQUES SUR LA TROISIÈME LEÇON

De même que pour les Amanites, nous sommes persuadé que, malgré tout, l'on continuera à consommer dans quelques familles plusieurs Lactaires et plusieurs Russules.

Nous le regrettons d'avance, sauf pour un Lactaire.

Dans le but d'éloigner autant que possible le danger qui menace ces familles, nous allons donner quelques indications à ce sujet.

Nous devons dire que tous les Lactaires vénéneux ont le lait ou la chair excessivement *âcres*. *Goûter* tous les échantillons.

Par exception, un Lactaire commun dans les bois, blanc partout, à chapeau, à pied non duvetés et à lait très poivré, est parfois consommé, cuit sur le poele ou le gril, sous les noms de : *Auburon, Poivré, Lathiron, Vache blanche, Galadier*.

Ce champignon, vénéneux étant cru, devient un aliment grossier, lourd, indigeste après la cuisson.

Il n'est donc pas à recommander.

En revanche, nous nous permettrons d'indiquer ici un seul Lactaire, abondant pendant plusieurs mois, bon et fort recherché malgré sa saveur légèrement âcre lorsqu'il est cru. Nous le regardons, d'après ses caractères si tranchés et si constants, comme le plus sûr de tous les champignons.

Il est nommé dans différents pays : *Délicieux, Briqueté, Champignon de pin, Orangé, Roussillon, Sanguin, Vache rouge*.

Il croît sous les pins ou les sapins.

Il est orangé partout : chapeau, pied, chair, lait.

Le lait qui est doux, et la chair, *d'orangés*, deviennent à l'air *couleur de vert-de gris*. Il en est de même de toutes les parties du champignon lorsqu'il vieillit.

On continuera peut-être aussi à consommer dans quelques régions, sous le nom de *Bises, Bisolles, Charbonniers*, des Russules, soit vertes, soit rouges, soit violacé-sombre.

Plusieurs Russules, en effet, sont comestibles, mais combien dangereuses par leur ressemblance parfois extrême avec des espèces vénéneuses et par leurs rapides changements de couleur !

Aux amateurs malgré tout, nous allons indiquer un moyen plus sûr que la couleur ou la forme de ne pas récolter de Bises vénéneuses. C'est la saveur.

Ils doivent absolument goûter crues *toutes* les Russules, Bises ou Charbonniers de leur recolte et ne garder que celles ayant la chair *douce*, c'est-à-dire non brûlante ou âcre, les autres étant généralement vénéneuses.

LECTURE SUR LA TROISIÈME LEÇON

Empoisonnement par les Russules, au Creusot (1) Saône-et-Loire
26 septembre 1901 — Guérison

« Famille Hurbin, composée du mari, représentant de commerce, de sa femme et de trois enfants. Ils consommaient les 25 et 26 septembre 1901, trois livres de champignons récoltés dans les bois. Un plat copieux fut absorbe le 26 septembre à cinq heures du soir, principalement par le père et la fille aînée, et terminé seulement à huit heures du soir par un des fils. Les champignons avaient été passés à l'eau bouillante avant d'être accommodés avec de la viande, et aucun convive ne remarqua d'âcreté au goût en les mangeant. Vers onze heures du soir, le père et la fille furent pris de vomissements violents avec diarrhée abondante. Le lendemain, à sept heures du matin, les vomissements continuaient avec selles liquides, coliques, crampes dans les jambes, les bras, les parois du ventre, un grand état d'anxiété, une soif ardente avec sensation de brûlure à la gorge et à l'estomac. Cet état persista jusqu'au lendemain matin, 28 septembre ; à partir de ce moment, les vomissements cessèrent peu à peu ainsi que la diarrhée et il ne resta qu'une grande faiblesse avec sensation de courbature. Le 30, les deux malades étaient complètement rétablis.

« La mère fut egalement atteinte, mais plus légèrement, de vomissements et de diarrhée, ainsi que le fils ainé, 18 ans, et une fillette de 5 ans. Un garçon de 11 ans qui n'avait pas voulu goûter aux champignons, ne fut nullement indisposé. »

On put se rendre compte ensuite que trois Bisottes ou Russules rouges vénéneuses, c'est-à-dire *âcres ou poivrées*, se trouvaient parmi les champignons consommés.

(1) Extrait du mémoire de MM. les docteurs Victor et Xavier Gillot « *Empoison-nement par les champignons* » paru au Bulletin de la Société mycologique de 1902.

QUATRIÈME LEÇON

CHAMPIGNONS DANGEREUX A LAMES

(Suite)

3° Le Livide (fig. 6)

Ce gros champignon est *vénéneux*.

Comme nous n'avons pu le placer, ni dans les Amanites parce qu'il n'a pas de volve, ni dans les Lactaires puisqu'il n'a pas de lait, ni dans les Russules, car il a des fibres bien visibles, surtout dans le pied, nous allons le décrire à part pour que vous le reconnaissiez à l'occasion et puissiez l'éviter. Nous en disons autant des deux champignons à lames qu'il nous reste à vous présenter.

Le Livide n'a pas d'anneau.

Son chapeau, charnu, arrondi, puis presque plan, a de 10 à 15 cent. de diamètre. Légèrement soyeux, il est *visqueux* en temps humide. Sa couleur est grisâtre-pâle, tirant sur le jaunâtre ou gris cendré avec une légère teinte jaunâtre.

Les lames ont jusqu'à un centimètre de largeur ; elles sont peu rapprochées l'une de l'autre. Près du pied, elles s'arrondissent en quart de cercle et remontent pour le toucher à peine. Leur couleur est *blanc-jaunâtre*, puis *rougeâtre* comme la chair de veau.

Le pied est blanc, luisant, strié, plein, puis creux dans la vieillesse et souvent un peu renflé à la base. Son épaisseur est de 2 à 3 cent. et sa longueur de 8 à 12.

La chair du champignon est blanche.

Il répand une agréable odeur de farine récente et n'est pas mauvais à goûter.

En automne, il croît, souvent en rond, dans les forêts ombragées où il n'est ni commun, ni rare.

Nous saurons le reconnaître et ne voudrions en goûter à aucun prix.

6

LE LIVIDE

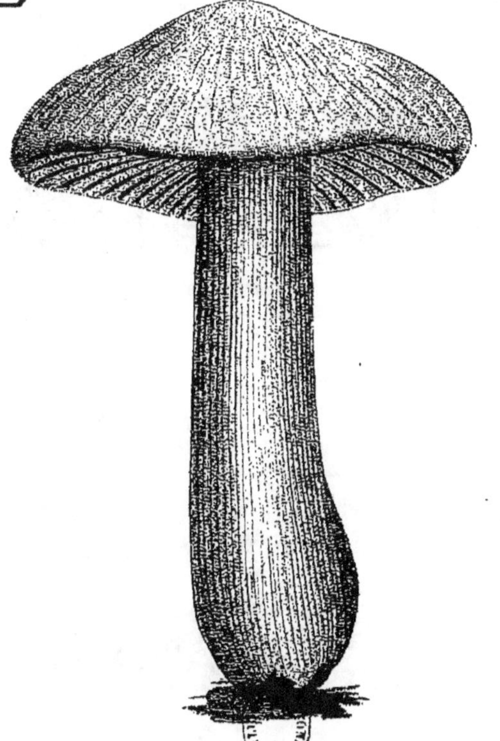

Massif ; chapeau visqueux, gris-jaunâtre, feuillets
jaunâtres puis rougeâtres. Pied blanc, strié. Croît, souvent
en rond, dans les forêts.

LE TIGRÉ

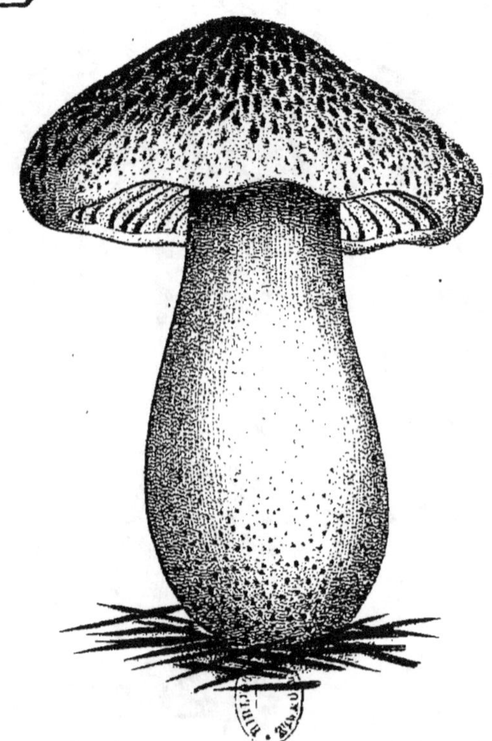

Massif ; chapeau sec, gris-pâle parsemé de mèches brunâtres ; feuillets peu serrés, blanc-verdâtre. Croît en rond sous les sapins des montagnes.

4° **Le Tigré** (fig. 7)

Ce champignon massif, sans anneau, est au moins de la taille, chapeau et pied, et presque de la forme du Livide. Son poids atteint parfois 200 grammes.

Comme lui, et même plus que lui, *il est vénéneux.*

Son chapeau sec, tendre, gris-pâle, a de 10 à 20 cent. de diamètre ; il est parsemé de mèches fibrilleuses cendrées ou brunes qui le rendent très apparemment et à distance *tigré*, d'où son nom, ou grivelé, c'est-à-dire tacheté comme la poitrine d'une grive.

Le bord du chapeau, sans aucun duvet, est un peu enroulé en dessous, contourné irrégulièrement et presque blanc.

Le pied plein, blanchâtre, est épais de 2 à 3 cent. et long de 10 à 12. Il est tendre, finement rayé dans le sens de sa longueur de stries rapprochées, parallèles, et souvent couvert, surtout en bas, de très petites écailles brunâtres rappelant celles du chapeau.

Les lamelles remontent en quart de cercle pour toucher à peine le pied, comme celles du Livide ; comme elles aussi, elles sont très larges, mais de couleur *blanc verdoyant.*

Sa chair est *douce et agréable au goût*, blanche, molle, sans odeur.

Il est assez rare (1) et croit en rond, du printemps à l'hiver, dans les forêts de sapins des montagnes.

Rien que par sa *taille*, sa *station* et ses *tigrures* ou *mèches*, il nous sera très facile de le reconnaître et de l'éviter.

RÉSUMÉ DE LA QUATRIÈME LEÇON

(A APPRENDRE PAR COEUR)

Le Livide est un gros champignon à lames. Il n'a pas d'anneau.

Son chapeau a de 10 à 15 centimètres de large, son pied de 8 à 12 cent. de longueur, de 2 à 3 cent. d'épaisseur.

Le chapeau, *visqueux*, arrondi puis plan, est *gris-jaunâtre. Les lames sont jaunâtres puis rougeâtres, larges et peu serrées ;* elles s'arrondissent vers le pied pour le toucher à peine.

Le pied est blanc, luisant, strié et renflé à la base.

(1) Nous l'avons rencontré une seule fois en groupes nombreux dans la forêt de la Joux, près Pontarlier (novembre 1901).

Le Livide a l'odeur de la farine fraîche. Son goût n'est pas mauvais. Sa chair est blanche.

En automne, il croit souvent en rond dans les forêts. *Il est vénéneux.*

Le tigré, *très gros,* lui ressemble comme taille et un peu comme forme, *mais son chapeau est couvert de mèches, d'écailles brunes,* et ses feuillets sont *blanc-verdoyant.*

Sa chair est blanche, de *saveur douce.*

Il est assez rare et croit en rond, du printemps à l'hiver, dans les forêts de sapins des montagnes.

Il est encore plus vénéneux que le Livide.

LECTURE SUR LA QUATRIÈME LEÇON

Empoisonnement par le Livide

Un jour, le savant Quélet lui-même, qui a consacré sa vie entière à l'étude des champignons, et dont les œuvres font autorité dans toute l'Europe, au cours d'une promenade d'automne dans les bois, récolta plusieurs champignons dont il connaissait parfaitement les propriétés comestibles et les fit préparer pour le dîner.

Il avait récolté aussi plusieurs spécimens du Livide.

Séduit par la bonne mine, la bonne odeur, le goût assez bon du Livide, il jeta quatre ou cinq de ces champignons dans la casserole où cuisaient les espèces bien connues.

Quelques amis, sa famille et lui, en tout neuf personnes, prirent part au repas.

Une heure ne s'était pas encore écoulée que tous les convives, sans exception, furent pris de vomissements abondants, de fortes diarrhées, de vives douleurs à l'estomac, d'un violent mal de tête et d'un extrême abattement.

M. Quélet ajoute que c'est à peine s'ils ont pu supporter le moindre aliment pendant les deux jours qui ont suivi cet empoisonnement.

C'est par cet accident, heureusement sans suites plus graves, que nous connaissons bien les propriétés vénéneuses du Livide.

CINQUIÈME LEÇON

___

CHAMPIGNONS DANGEREUX A LAMES

(Fin)

___

5° La Lépiote brune

Ce petit champignon *à anneau* a un chapeau arrondi, puis plan, *légèrement mamelonné*, de trois à quatre centimètres de diamètre, *et qui se détache facilement du pied*, au moindre effort.

Sa couleur est *gris-violacé* ou *chocolat*. Il est recouvert d'une sorte de duvet ainsi que le pied au-dessous de l'anneau qui est blanc et fugace.

Les feuillets sont arrondis en dessous et *ne touchent pas le pied*. Ils sont de couleur blanc-crème.

La chair du champignon est blanche. Elle *rougit à peine* à l'air ; sa saveur est *aigrelette*.

Le pied, ayant partout la même épaisseur, est blanc, soyeux. Il devient avec l'âge *rougeâtre* comme la chair.

Sa longueur atteint à peine le diamètre du chapeau.

Il croît, en été et en automne, près des habitations ou dans les jardins. Nous l'avons rencontré une seule fois au village près d'un tas de fagots.

Ce champignon « est ordinairement très rare dans les pays argileux ou calcaires », nous écrivait dernièrement M. Boudier.

Il est vénéneux à l'égal de quelques Amanites mortelles.

Moins de *trois grammes et demi* de ce champignon administrés à un cobaye ou cochon d'Inde l'ont fait périr.

___

Nous n'avons plus qu'un mot important à vous dire sur les champignons vénéneux à lames.

En dehors du *Livide*, du *Tigré*, de la *Lépiote brune* et des trois genres que nous connaissons : *Amanites, Lactaires, Russules, nous devons éviter encore tous les champignons lamellés à chair amère* (goûter). Plusieurs de ces derniers sont *vénéneux*.

CHAMPIGNONS DANGEREUX A TUBES

6° Les Bolets (*en partie*), fig. 8

Les Bolets, par lesquels nous finirons, sont charnus, pourrissants ; ils ont un pied et un chapeau, parfois un anneau, mais *ils n'ont pas de lames.*

A la place des lames se trouvent des tubes fins de la grosseur d'une épingle ou un peu plus gros, et de un demi à deux ou trois centimètres de long. Ils sont très nombreux, mous, soudés entre eux et soudés sous le chapeau, de sorte que le dessous du champignon, quoiqu'uni, est creusé d'une infinité de petits trous ronds, allongés ou polygonaux, orifices des tubes.

On peut séparer un tube d'un autre tube et tous ensemble du chapeau comme on sépare facilement du fond le foin d'un artichaut cuit.

La chair des Bolets est *douce* ou *amère.*

Si l'on brise un Bolet, la chair, ou reste sans changement, ou prend une autre couleur.

Dans ce dernier cas, et plus ou moins rapidement, elle devient le plus souvent *bleue* ou *verte.*

Comme il existe des Bolets à chair *bleuissant, verdissant* ou à *saveur amère* qui sont des poisons, nous n'en consommerons jamais qui présentent un seul de ces caractères.

RÉSUMÉ DE LA CINQUIÈME LEÇON

(A APPRENDRE PAR COEUR)

La Lépiote brune, à anneau fugace, à chapeau arrondi et à peine mamelonné, *facilement séparable du pied*, a de trois à quatre centimètres de diamètre.

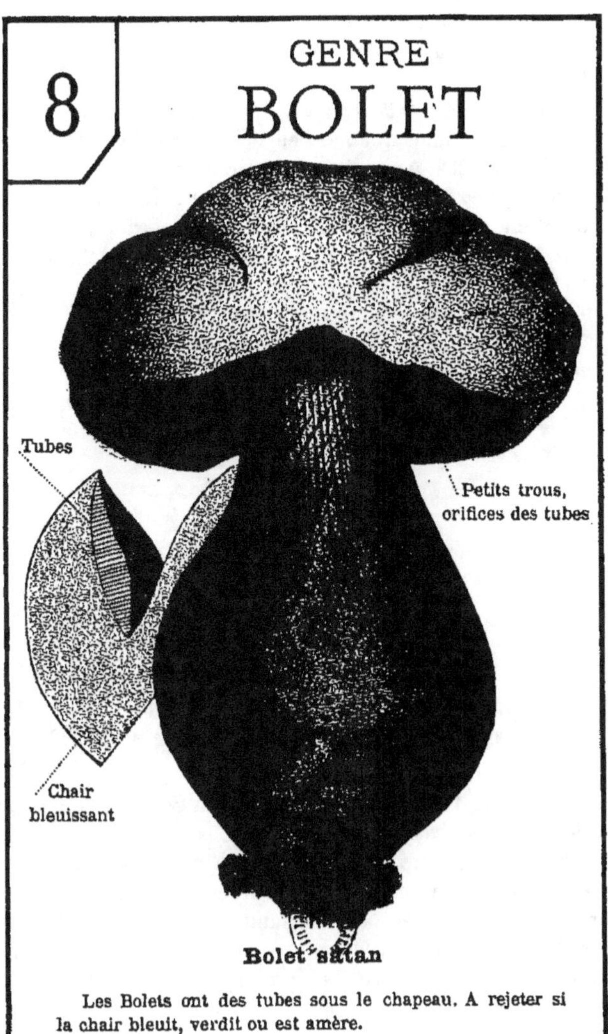

Les Bolets ont des tubes sous le chapeau. A rejeter si
la chair bleuit, verdit ou est amère.

Le chapeau est gris-violacé ou chocolat, recouvert d'un léger duvet, ainsi que le pied au-dessous de l'anneau.

Les feuillets, ventrus, *ne touchent pas le pied.*

La chair blanche du champignon *rougit légèrement* à l'air, *ainsi que le pied, d'abord blanc. Elle est aigrelette.*

La Lépiote brune, rare, croît en été et en automne près des habitations et dans les jardins.

Elle est vénéneuse à l'égal de quelques Amanites mortelles.

Parmi les champignons à lames, en dehors du Livide, du Tigré, de la Lépiote brune, des Amanites, Lactaires et Russules, nous devons éviter comme *dangereux* tous ceux qui ont une saveur *amère.*

Les Bolets, champignons charnus, à pied, à chapeau, parfois à anneau, *n'ont pas de lames.* Les lames sont remplacées sous le chapeau par des *tubes* fins et serrés que l'on peut enlever tous à la fois.

Si l'on brise un Bolet, sa chair peut changer de couleur ou n'en pas changer. Si elle change et devient *verte ou bleue,* ou si, sans changer, elle est *amère,* on doit rejeter le champignon.

LECTURE SUR LA CINQUIÈME LEÇON.

Un cas d'empoisonnement par la Lépiote brune (1)

« Le 2 septembre 1897, R....., employé à la Compagnie du chemin de fer d'Orléans, ramassa dans les chantiers de la gare de Nantes une quinzaine de champignons que lui et sa femme trouvèrent excellents, mais la femme en mangea moins que lui. Ils dînèrent, comme à l'ordinaire, à six heures du soir, avec leur appétit habituel.

Quelques heures après, ils furent pris des premiers symptômes d'un empoisonnement, symptômes qui se révélaient chaque jour plus alarmants.

Chez l'un ou l'autre de ces malades, on observa des crampes intolérables aux membres inférieurs, des vomissements et de la diarrhee.

Le mari sautait de douleur sur son lit. Ces douleurs ont duré environ douze heures, avec, de temps à autre, quelques instants de repit.

Le lendemain, les vomissements et les selles continuent.

L'estomac ne supporte aucun liquide. Le mari présente sur la paume des mains des taches violettes.

Le 4, dans la nuit, affaiblissement plus prononcé. A neuf heures du matin, l'estomac et les intestins sont très douloureux à la palpation.

Le 5, on constate un peu d'amélioration chez les deux malades, mais les selles et les vomissements restent très fréquents.

Le 6, les vomissements deviennent plus rares. L'amelioration est notable.

Le 7, nuit agitée. Les douleurs de l'estomac et du ventre ont presque disparu.

Le 8, nuit excellente. Le mari vomit encore. Cependant l'estomac et le ventre redeviennent douloureux.

Le 9, un seul vomissement glaireux chez le mari ; nuit légèrement agitée.

Le 10, cessation complète des vomissements, estomac à peine douloureux, nuit excellente.

Le 11, le mieux s'accentue ; les malades supportent une alimentation très légère et le 15, ils peuvent être considérés comme guéris.

R..... ne peut reprendre son service qu'après plusieurs semaines de repos. »

Le champignon coupable était la Lépiote brune.

SIXIÈME ·LEÇON

CONSOMMATION· DES CHAMPIGNONS

Vous connaissez à présent tous les champignons mortels, ·tous les champignons dangereux.

Vous tenez à la vie : Jamais vous ne serez victimes des terribles Amanites, car vous ne consommerez que l'Oronge vraie.

Vous tenez à la santé : Jamais, de Lactaires, ·sauf le Délicieux, de Russules ou d'autres champignons *amers* à lames ; jamais le Livide, le Tigre, la Lépiote brune, les Bolets *bleuissant, verdissant ou à chair amère* ne paraîtront sur la table de vos parents ou plus tard sur la vôtre.

Vous pourrez, après cette élimination nécessaire, faire alors votre choix parmi de nombreux et bons champignons et vous livrer sans crainte au plaisir d'un excellent et substantiel repas.

Ce choix portera d'abord·sur les champignons que vous connaissez *parfaitement*, vos parents ou vous depuis plusieurs années.

Ce livre n'aurait-il d'autre résultat que de vous montrer·où est·le danger et de vous inspirer la circonspection, nous en serions très heureux et augurerions bien de l'avenir.

Nous redisons donc en d'autres termes · Il n'y a point d'à peu près lorsqu'il s'agit de consommer un champignon. Vous devez, ou le laisser, ou savoir le distinguer de ses nombreux voisins *aussi sûrement* que vous distinguez un poirier d'un pommier, un seigle·d'un blé, aussi sûrement que·vous reconnaissez vos sœurs et ·vos frères dans la foule bigarrée d'une foire.

Dans tous les récits d'empoisonnements que nous vous avons rapportés, vous remarquerez que les victimes, sauf en ce qui concerne M. Quélet, ont fait leur récolte tout à la légère et avec la plus incroyable inconscience du danger, car si ce danger avait été *moins insoupçonné, moins vaguement redouté*, nous n'aurions certainement pas à déplorer tant·de·décès.

Si jamais, à l'examen du certificat d'études, on vous donne comme sujet de rédaction : « Citer un exemple de grands malheurs causés par une simple faute d'imprudence ou même seulement de légèreté, d'inattention, d'imprévoyance », rappelez-vous un seul de ces récits et nous vous garantissons une bonne note.

Nous ne goûterons d'aucun plat de champignons sans avoir *récolté personnellement* ou tout au moins *vérifié* nous-mêmes auparavant *toutes les espèces*, sans nous être rendu compte que ce sont bien là celles que nous connaissons comme étant comestibles.

Nous rejetterons aussi tous les champignons *âgés* et même tous ceux qui sont récoltés *depuis plusieurs jours*, car certaines fermentations ont pu les rendre malfaisants.

Les champignons comestibles, même frais, étant souvent un peu lourds, indigestes, seront, autant que possible, réservés pour le repas de midi. Ces sortes de mets seront du reste bien cuits, consommés en quantité raisonnable et sans hâte. On prendra le temps de bien mastiquer les espèces fermes.

Nous ne saurions trop vous recommander de ne rechercher qu'avec la plus extrême prudence de nouvelles espèces pour la table.

La demi-douzaine de champignons que vous connaissez bien, mettons la douzaine, suffit, ce nous semble, à plus d'une saison, à de nombreux repas et même à des conserves.

La plus grande *attention*, la plus grande *réserve* seront toujours notre règle, d'autant qu'en dehors des champignons que nous avons appris à fuir, il en existe encore un certain nombre d'autres plus ou moins suspectés, mais qui ne sauraient occasionner de graves accidents.

SIXIÈME LEÇON (fin)

Fausses notions et préjugés très dangereux

Comme si les champignons n'étaient pas assez dangereux par eux-mêmes, on dirait que l'homme a cherché à les rendre plus redoutables encore en créant bénévolement et répandant partout les notions les plus fausses, les préjugés les plus funestes

On se demande par quelles inconcevables et sûres voies, avant la diffusion des idées par la presse quotidienne, avant la facilité des communications et des correspondances, ces notions et ces préjugés ont pu se répandre aussi généralement, avec une rapidité, une fidélité si effrayantes ! Il n'est aucun Français, aucune Française, dans les villes, les villages, les fermes, les huttes de charbonniers qui n'ait entendu parler de la « *pièce d'argent* », cette prétendue pierre de touche des champignons !

Nous allons examiner avec vous quelques-unes de ces notions erronées, passées hélas ! à l'état de préceptes.

On entend dire selon les régions :

On peut manger sans défiance :

1º Les champignons qui ont bonne odeur, saveur agréable ;

2º Ceux qui ont un anneau ;

3º Qui sont roses en dessous ;

4º Que les insectes ou les limaces dévorent ;

5º Qui croissent dans les champs, les prés, les friches, les endroits découverts ;

6º Qui ne noircissent pas l'argent ou ne rendent pas un oignon brun ou bleuâtre.

. . . .

Ces procédés empiriques sont des plus trompeurs, des plus perfides et ceux qui les suivraient risquent fort de s'empoisonner.

L'étude de votre petit livre et l'examen des planches qu'il renferme vous permettent déjà de reconnaître l'inanité des trois premiers.

Vous vous rappelez l'agréable odeur de farine du Livide, sa saveur assez bonne, ce qui n'a pas empêché Quélet, sa famille et ses amis d'être très sérieusement malades après en avoir goûté (Quatrième leçon).

Les feuillets du même champignon sont roses (fig. 6) comme ceux de l'Amanite (fig. 2) comprise dans les espèces mortelles !

Rien de suspect dans l'odeur ou la saveur du Tigré et de la Lépiote brune !

Aucune mauvaise odeur ne signale la plupart des Amanites ; presque toutes ont une saveur douce et agréable, un anneau et elles sont fatales en grand nombre !

Nous avons souvent rencontré les quatre Amanites mortelles figurées presque entièrement rongées par les limaces ou perforées par les larves !!

Nous avons pu rencontrer les mêmes espèces dans des friches avoisinant les bois ; nous avons trouvé la Lépiote brune en plein village et l'Amanite (fig. 2) dans un jardin !

Il nous reste à vous parler du dangereux préjugé que vous connaissez tous.

On vous a dit : « Dans la casserole où cuisent les champignons, on met une pièce ou une cuiller d'argent. Si l'argent ne noircit pas, on peut se régaler sans crainte aucune. »

Ou bien on remplace l'argent, parfois rare, par un oignon. Si l'oignon ne bleuit ou ne noircit pas, on peut manger les champignons.

Rien de plus commode, en vérité, mais rien de plus faux aussi.

Deux heures avant le repas, avec un grand panier au bras, on va dans la forêt comme dans son jardin. Il n'y a qu'à se baisser. Le panier est bientôt rempli par dessus bord de jeunes et beaux champignons de toutes espèces.

A quoi bon les examiner ? La pièce d'argent n'est-elle pas là ?

On épluche, on prépare, on met la pièce d'argent.

Comme elle ne noircit pas, on se met à table avec convoitise.

Si quelqu'Amanite fatale s'est glissée dans le plat, de toute cette assemblée confiante et joyeuse, il restera dans quelques jours de rares malades et une rangée de cercueils !

N'est-ce pas horrible ? Ne serait-ce pas une fiction macabre ? C'est de l'histoire pure, mes chers enfants, c'est malheureusement l'histoire de chaque automne.

Vous lirez tout à l'heure, à la fin de cette dernière leçon, le récit d'une de ces épouvantables catastrophes où se retrouvent encore ces deux sœurs jumelles, ces deux Parques : l'Amanite et la pièce d'argent.

Nous venons de dire que l'argent n'avait pas noirci au contact des champignons.

Il est bien établi, et nous avons pu le constater nous-mêmes maintes fois, **que l'argent ne noircit jamais** au contact des champignons *frais*, Amanites ou autres, vénéneux ou comestibles.

S'il noircit parfois, c'est à proximité de *vieux* champignons, comestibles ou non, dont la composition dégage des gaz sulfureux qui ont cette propriété.

Vous avez tous vu un fumeur sortir de la poche de son gilet une pièce toute noire. Le même phénomène s'est produit et le soufre de ses allumettes a noirci l'argent.

L'essai à l'oignon n'a, de même, aucune raison d'être.

Vous voilà renseignés, cette fois, sur la valeur de ces procédés soi-disant infaillibles.

Il en existe certainement beaucoup d'autres qui, ayant même valeur, ne sauraient désormais diminuer en rien votre sécurité.

Restez bien persuadés, mes chers enfants, qu'il n'existe en ceci et n'existera jamais d'autre procédé infaillible que celui-ci :

Les caractères botaniques que nous venons d'étudier. Cette étude sera votre sauvegarde et celle de vos familles.

Notre devoir est donc de combattre les redoutables préjugés que nous venons de passer en revue, partout où nous les rencontrerons.

RÉSUMÉ DE LA SIXIÈME LEÇON

(A APPRENDRE PAR COEUR)

En résumé, nous rejetterons en bloc toutes les *Amanites*, sauf l'Oronge vraie, les *Lactaires*, moins le Délicieux, les *Russules âcres* et autres champignons *amers* à lames, le *Livide*, le *Tigré*, la *Lépiote* brune, les *Bolets bleuissant, verdissant* ou à *chair amère*.

Cette élimination étant faite, consommons sans crainte les champignons que nos parents ou nous connaissons depuis plusieurs années et parfaitement, car *il n'y a point d'à peu près lorsqu'il s'agit de consommer*.

Mais parmi ces champignons bien connus, nous n'admettrons pas à notre table ceux qui sont *âgés* ou *récoltés depuis longtemps* et que des fermentations ont pu rendre malfaisants. Les autres devront être entièrement cuits, mangés sans hâte et autant que possible au repas de midi.

Il est faux et dangereux de croire que l'on peut manger sans défiance :

1º Les champignons qui ont bonne odeur, saveur agréable ;

2º Ceux qui ont un anneau ;

3º Qui sont roses en dessous ;

4º Que les insectes ou les limaces dévorent ,

5º Qui croissent dans les champs, les prés, les friches, les endroits découverts ;

6° Qui ne noircissent pas l'argent ou ne rendent pas un oignon brun ou bleuâtre.

. . . .

LECTURE SUR LA SIXIÈME LEÇON

Onze victimes de « la pièce d'argent », par les Amanites

Le récit de ce drame navrant, qui s'est déroulé le 6 octobre 1884 aux environs de Bordeaux, est extrait textuellement des journaux de la région. Il n'est plus nécessaire de vous dire qu'il est dû aux Amanites. Vous les auriez reconnues à leurs effets.

Quelques personnes ayant échappé à la mort, nous pensons même que toutes les espèces récoltées n'étaient pas des Amanites vénéneuses. Nous laissons la parole aux journaux :

«·Un empoisonnement par les champignons, qui a eu de terribles conséquences, est arrivé lundi dernier à l'Asile agricole de Saint-Louis (Gironde). Cet etablissement, qui sert à former des agriculteurs et des horticulteurs, se divise en deux quartiers, le quartier des grands qui compte treize jeunes gens et le quartier des petits qui compte trente-deux enfants.

« Lundi matin, la cuisinière de l'Asile alla cueillir dans un bois voisin quelques champignons qu'elle servit au déjeuner des grands. La journée se passa sans incident ; mais, dans la nuit, plusieurs jeunes gens furent pris de violentes douleurs d'entrailles ; le médecin de l'Asile fut avisé en toute hâte et donna les premiers soins aux malades.

« Malheureusement, la digestion des aliments empoisonnés étant déjà trop éloignée pour que les remèdes en pussent conjurer les effets, l'un des malades na tarda· pas à succomber, et son décès·fut bientôt suivi d'autres. Jusqu'à présent, dix jeunes gens ont déjà succombé dans d'horribles souffrances ; les trois autres et le surveillant sont dans ,un état grave.....

« Un onzième enfant a succombé la nuit dernière. Il était âgé de quinze ans. L'état des trois autres est toujours inquiétant.

« Il résulte de l'enquête à laquelle s'est livrée la justice que, quelques jours auparavant, une· semaine environ, la cuisinière de l'Asile avait déjà cueilli·des champignons dans les bois de l'établissement, les avait préparés et servis aux autres sœurs de l'orphelinat et du couvent voisin. Ce mets avait été trouvé excellent par les religieuses qui n'avaient éprouvé aucun malaise. Encouragée par ce résultat, elle alla faire une nouvelle cueillette dans les bois, cueillette dont on connait les funestes conséquences. Par mesure de précaution, elle avait, en faisant cuire les champignons, placé dans sa poele ou dans sa casserole *une pièce de un franc en argent qu'elle avait retirée sans aucune souillure,* ce qui lui avait fait croire que les champignons étaient inoffensifs.

« Le plat de champignons était *peu copieux* et tous les pensionnaires n'ont pu en manger, ce qui explique que le nombre des personnes atteintes n'a été que de quatorze, auxquelles il faut ajouter deux religieuses qui n'ont éprouvé qu'un léger malaise. »

ÉMPOISONNEMENT

Par les CHAMPIGNONS

Nous allons ajouter quelques mots concernant les empoisonnements par les champignons.

En règle ordinaire, plus l'accident est rapproché du repas, moins il sera grave.

Les signes ou symptômes en sont bien différents selon les espèces.

Le plus souvent, le patient commence par ressentir des douleurs à l'estomac; il a des nausées, des vomissements, puis des coliques, parfois des crampes douloureuses dans les membres. Tantôt une sorte d'ivresse, de délire, s'empare de lui, tantôt une somnolence difficile à combattre.

La variété et la gravité de ces symptômes indiquent assez que nous devons recourir immédiatement, ne l'oublions pas, aux soins d'un médecin.

N'oublions pas non plus que nul médicament ne peut arrêter les effets de l'empoisonnement tant que les champignons sont dans l'estomac.

Le lait, dont on parle tant comme contre-poison, n'en est pas un ici. Une forte ration d'eau-de-vie pour « faire passer », non plus; le vinaigre, en dissolvant le poison, augmenterait le danger, etc.

Ces prétendus remèdes font perdre un temps si précieux que les étapes vers la mort se comptent parfois par minutes. Ils n'ont pas d'autre effet.

Dès que l'empoisonnement ne fait plus de doute, les personnes présentes *doivent faire vomir le malade* en attendant le médecin.

Vomir à tout prix et tout de suite, c'est bien souvent le salut.

On provoque les vomissements par une dose d'émétique ou d'ipeca. Si ces vomitifs manquent, nous ferons vomir *plus rapidement* à l'aide de l'eau tiède. Le malade en avale le plus qu'il peut, plusieurs litres si c'est possible, et on lui chatouille ensuite le fond de la gorge avec une barbe de plume ou avec le doigt.

Pour mieux débarrasser et laver l'estomac, on répète deux ou trois fois de même façon ces vomissements artificiels, seul remède à notre disposition.

Les soins du médecin sont nécessaires ensuite pour assurer la guérison.

Nota. — Pour faciliter l'enseignement collectif, — enseignement par l'image, — avoir un coup d'œil d'ensemble et vulgariser autant que possible dans les meilleurs milieux : écoles, mairies, salles d'études des collèges, lycées, écoles forestières, agricoles, industrielles, etc., nous avons résumé ce petit livre en un tableau à part contenant, avec les indications nécessaires, les huit mêmes gravures coloriées.

Prix du tableau : **1** fr. **50**.

TABLE DES MATIÈRES

Imp Courbe-Rouzet à Dole.